MW01115613

啊

a

modal particle
ending sentence

☆☆☆☆☆

阿姨

ā yí

maternal aunt;
step-mother

☆☆☆☆☆

矮

ǎi

low; short

☆☆☆☆☆

爱好 ☆☆☆☆☆	ài hào
	interest; hobby

安静 ☆☆☆☆☆	ān jìng
	quiet; peaceful

把 ☆☆☆☆☆	bǎ
	to hold

| 搬 ☆☆☆☆☆ | **bān** |
| | to move |

| 班 ☆☆☆☆☆ | **bān** |
| | team; class |

| 办法 ☆☆☆☆☆ | **bàn fǎ** |
| | means; method |

| 办公室 ☆☆☆☆☆ | bàn gōng shì |
| | an office |

| 半 ☆☆☆☆☆ | bàn |
| | half; semi- |

| 帮忙 ☆☆☆☆☆ | bāng máng |
| | to help |

包 ☆☆☆☆☆	**bāo**
	to cover; to wrap

饱 ☆☆☆☆☆	**bǎo**
	to eat till full

北方 ☆☆☆☆☆	**běi fāng**
	north

被

bèi

to cover

☆☆☆☆☆

鼻子

bí zi

nose

☆☆☆☆☆

比较

bǐ jiào

compare

☆☆☆☆☆

比赛 ☆☆☆☆☆	**bǐ sài**
	competition

笔记本 ☆☆☆☆☆	**bǐ jì běn**
	notebook

必须 ☆☆☆☆☆	**bì xū**
	to have to

变化	biàn huà
☆☆☆☆☆	change

别人	bié rén
☆☆☆☆☆	others

冰箱	bīng xiāng
☆☆☆☆☆	refrigerator

不但…而且…

bù dàn …ér qiě …

not only … but also…

☆☆☆☆☆

菜单

cài dān

menu

☆☆☆☆☆

参加

cān jiā

to participate

☆☆☆☆☆

| 草 ☆☆☆☆☆ | cǎo |
| | grass |

| 层 ☆☆☆☆☆ | céng |
| | storey |

| 差 ☆☆☆☆☆ | chà |
| | differ from |

超市

chāo shì

supermarket

★☆☆☆☆

衬衫

chèn shān

shirt; blouse

★☆☆☆☆

城市

chéng shì

city

★☆☆☆☆

成绩	chéng jì
☆☆☆☆☆	achievement

迟到	chí dào
☆☆☆☆☆	to arrive late

除了	chú le
☆☆☆☆☆	apart from

船	chuán
☆☆☆☆☆	a boat

春	chūn
☆☆☆☆☆	spring

词典	cí diǎn
☆☆☆☆☆	dictionary

| 聪明 ☆☆☆☆☆ | cōng ming |
| | intelligent |

| 打扫 ☆☆☆☆☆ | dǎ sǎo |
| | to clean |

| 打算 ☆☆☆☆☆ | dǎ suàn |
| | to plan |

| 带 ☆☆☆☆☆ | dài |
| | band; belt |

| 担心 ☆☆☆☆☆ | dān xīn |
| | worried |

| 蛋糕 ☆☆☆☆☆ | dàn gāo |
| | cake |

当然

dāng rán

of course

☆☆☆☆☆

地

de

-ly; structural particle

☆☆☆☆☆

灯

dēng

lamp

☆☆☆☆☆

地方	dì fang
☆☆☆☆☆	region

地铁	dì tiě
☆☆☆☆☆	subway

地图	dì tú
☆☆☆☆☆	map

电梯

diàn tī

elevator

☆☆☆☆☆

电子邮件

diàn zǐ yóu jiàn

electronic mail

☆☆☆☆☆

东

dōng

east; host

☆☆☆☆☆

冬

☆☆☆☆☆

dōng

winter

动物

☆☆☆☆☆

dòng wù

animal

短

☆☆☆☆☆

duǎn

short or brief

段 ☆☆☆☆☆	**duàn**
	paragraph
锻炼 ☆☆☆☆☆	**duàn liàn**
	to engage in physical exercise
多么 ☆☆☆☆☆	**uō me**
	how (wonderful etc)

饿	è a
☆☆☆☆☆	to be hungry

耳朵	ěr duo
☆☆☆☆☆	ear

发	fā
☆☆☆☆☆	to send out

发烧	fā shāo
☆☆☆☆☆	have a fever

发现	fā xiàn
☆☆☆☆☆	to discover

方便	fāng biàn
☆☆☆☆☆	convenient

| 放 ☆☆☆☆☆ | **fàng** |
| | to release; |

| 放心 ☆☆☆☆☆ | **fàng xīn** |
| | to be at ease |

| 分 ☆☆☆☆☆ | **fēn** |
| | to divide |

复习	fù xí
☆☆☆☆☆	to revise

附近	fù jìn
☆☆☆☆☆	next to

干净	gān jìng
☆☆☆☆☆	clean

感冒

★☆☆☆☆

gǎn mào

to catch cold

感兴趣

★☆☆☆☆

gǎn xìng qù

to be interested

刚才

★☆☆☆☆

gāng cái

just now

个子 ☆☆☆☆☆	**gè zi**
	height
根据 ☆☆☆☆☆	**gēn jù**
	according to
跟 ☆☆☆☆☆	**gēn**
	with

| 更 ☆☆☆☆☆ | **gèng** |
| | more |

| 公斤 ☆☆☆☆☆ | **gōng jīn** |
| | kilogram |

| 公园 ☆☆☆☆☆ | **gōng yuán** |
| | public park |

故事	gù shi
☆☆☆☆☆	story

刮风	guā fēng
☆☆☆☆☆	to be windy

关	guān
☆☆☆☆☆	to close

| 关系 ☆☆☆☆☆ | guān xì |
| relationship |

| 关心 ☆☆☆☆☆ | guān xīn |
| to care for sth |

| 关于 ☆☆☆☆☆ | guān yú |
| pertaining to |

国家 ☆☆☆☆☆	guó jiā
	country

过 ☆☆☆☆☆	guò
	to cross

过去 ☆☆☆☆☆	guò qu
	(in the) past

还是 ☆☆☆☆☆	**hái shì**
	or; still

害怕 ☆☆☆☆☆	**hài pà**
	to be afraid

黑板 ☆☆☆☆☆	**hēi bǎn**
	blackboard

后来

hòu lái

afterwards

☆☆☆☆☆

护照

hù zhào

passport

☆☆☆☆☆

花

huā

to blossom

☆☆☆☆☆

| 花 ☆☆☆☆☆ | **huā** |
| | flower |

| 画 ☆☆☆☆☆ | **huà** |
| | to draw |

| 坏 ☆☆☆☆☆ | **huài** |
| | bad |

| 欢迎 ☆☆☆☆☆ | huān yíng |
| | to welcome |

| 环境 ☆☆☆☆☆ | huán jìng |
| | environment |

| 还 ☆☆☆☆☆ | huán |
| | to come back |

| 换 ☆☆☆☆☆ | huàn |
| | exchange |

| 黄河 ☆☆☆☆☆ | huáng hé |
| | Yellow River |

| 回答 ☆☆☆☆☆ | huí dá |
| | to reply |

会议 ☆☆☆☆☆	huì yì
	meeting
或者 ☆☆☆☆☆	huò zhě
	possibly
几乎 ☆☆☆☆☆	jī hū
	almost

机会	jī huì
☆☆☆☆☆	opportunity

极	jí
☆☆☆☆☆	extremely

季节	jì jié
☆☆☆☆☆	time; season

记得 ☆☆☆☆☆	jì de
	to remember
检查 ☆☆☆☆☆	jiǎn chá
	inspection
简单 ☆☆☆☆☆	jiǎn dān
	simple

健康

jiàn kāng

healthy

☆☆☆☆☆

见面

jiàn miàn

to meet

☆☆☆☆☆

讲

jiǎng

to explain

☆☆☆☆☆

教

☆☆☆☆☆

jiào

to teach

脚

☆☆☆☆☆

jiǎo

foot

角

☆☆☆☆☆

jiǎo

unit of money
equal to 0.10 yuan

接

☆☆☆☆☆

jiē

to receive

街道

☆☆☆☆☆

jiē dào

street

结婚

☆☆☆☆☆

jié hūn

to marry

结束	jié shù
☆☆☆☆☆	to finish

节目	jié mù
☆☆☆☆☆	program

节日	jié rì
☆☆☆☆☆	holiday

| 解决 ☆☆☆☆☆ | jiě jué

to solve |
| 借 ☆☆☆☆☆ | jiè

to lend;
to borrow |
| 经常 ☆☆☆☆☆ | jīng cháng

everyday |

经过	jīng guò
☆☆☆☆☆	to pass

经理	jīng lǐ
☆☆☆☆☆	manager

久	jiǔ
☆☆☆☆☆	(long) time

旧 ☆☆☆☆☆	jiù
	old; opposite
句子 ☆☆☆☆☆	jù zi
	sentence
决定 ☆☆☆☆☆	jué dìng
	to decide

可爱 ☆☆☆☆☆	kě ài
	cute; lovely
渴 ☆☆☆☆☆	kě
	thirsty
刻 ☆☆☆☆☆	kè
	quarter (hour)

客人	kè rén
☆☆☆☆☆	visitor

空调	kōng tiáo
☆☆☆☆☆	air conditioning

口	kǒu
☆☆☆☆☆	mouth

哭 ☆☆☆☆☆	**kū**
	to cry; to weep

裤子 ☆☆☆☆☆	**kù zi**
	trousers

筷子 ☆☆☆☆☆	**kuài zi**
	chopsticks

| 蓝 ☆☆☆☆☆ | lán |
| | blue |

| 老 ☆☆☆☆☆ | lǎo |
| | old (of people) |

| 离开 ☆☆☆☆☆ | lí kāi |
| | to depart |

| 礼物 ☆☆☆☆☆ | lǐ wù |
| | gift |

| 历史 ☆☆☆☆☆ | lì shǐ |
| | History |

| 脸 ☆☆☆☆☆ | liǎn |
| | face |

| 练习 ☆☆☆☆☆ | liàn xí |
| | exercise |

| 辆 ☆☆☆☆☆ | liàng |
| | Classifier for vehicles |

| 聊天 ☆☆☆☆☆ | liáo tiān |
| | to chat |

了解 ☆☆☆☆☆	**liǎo jiě** to understand
邻居 ☆☆☆☆☆	**lín jū** neighbor
留学 ☆☆☆☆☆	**liú xué** to study abroad

楼 ☆☆☆☆☆	lóu
	storied building
绿 ☆☆☆☆☆	lv4
	green
马 ☆☆☆☆☆	mǎ
	horse

| 马上 ☆☆☆☆☆ | mǎ shàng |
| right away |

| 满意 ☆☆☆☆☆ | mǎn yì |
| satisfied |

| 帽子 ☆☆☆☆☆ | mào zi |
| hat; cap |

米 ☆☆☆☆☆	**mǐ**
	rice; meter

面包 ☆☆☆☆☆	**miàn bāo**
	bread

明白 ☆☆☆☆☆	**míng bai**
	to understand

拿

☆☆☆☆☆

ná

to hold; to seize

奶奶

☆☆☆☆☆

nǎi nai

father's mother

南

☆☆☆☆☆

nán

south

难

☆☆☆☆☆

nán

difficult

难过

☆☆☆☆☆

nán guò

feel sorry

年级

☆☆☆☆☆

nián jí

grade

年轻 ☆☆☆☆☆	**nián qīng**
	young

鸟 ☆☆☆☆☆	**niǎo**
	bird

努力 ☆☆☆☆☆	**nǔ lì**
	great effort

爬山 ☆☆☆☆☆	pá shān
	to climb a mountain
盘子 ☆☆☆☆☆	pán zi
	plate; tray
胖 ☆☆☆☆☆	pàng
	fat

啤酒 ☆☆☆☆☆	pí jiǔ
	beer

皮鞋 ☆☆☆☆☆	pí xié
	leather shoes

瓶子 ☆☆☆☆☆	píng zi
	bottle

其实 ☆☆☆☆☆	**qí shí**
	actually

其他 ☆☆☆☆☆	**qí tā**
	other

奇怪 ☆☆☆☆☆	**qí guài**
	strange

| 骑 ☆☆☆☆☆ | qí |
| | to ride |

| 起飞 ☆☆☆☆☆ | qǐ fēi |
| | to take off (in an airplane) |

| 起来 ☆☆☆☆☆ | qǐ lái |
| | stand up |

| 清楚 ☆☆☆☆☆ | qīng chu |
| | Clear (about) |

| 请假 ☆☆☆☆☆ | qǐng jià |
| | ask for time off |

| 秋 ☆☆☆☆☆ | qiū |
| | autumn |

裙子 ☆☆☆☆☆	qún zi
	skirt

然后 ☆☆☆☆☆	rán hòu
	then (afterwards)

热情 ☆☆☆☆☆	rè qíng
	enthusiastic

| 认为 ☆☆☆☆☆ | rèn wéi |
| | to believe |

| 认真 ☆☆☆☆☆ | rèn zhēn |
| | serious |

| 容易 ☆☆☆☆☆ | róng yì |
| | easy |

如果 ☆☆☆☆☆	rú guǒ
	if; in case
伞 ☆☆☆☆☆	sǎn
	umbrella
上网 ☆☆☆☆☆	shàng
	to be on the internet

| 声音 ☆☆☆☆☆ | shēng yīn |
| | voice |

| 生气 ☆☆☆☆☆ | shēng qì |
| | angry |

| 世界 ☆☆☆☆☆ | shì jiè |
| | world |

试 ☆☆☆☆☆	shì
	to test; to try

瘦 ☆☆☆☆☆	shòu
	tight

叔叔 ☆☆☆☆☆	shū shu
	uncle

舒服 ☆☆☆☆☆	shū fu
	comfortable
数学 ☆☆☆☆☆	shù xué
	mathematics
树 ☆☆☆☆☆	shù
	tree

| 刷牙 ☆☆☆☆☆ | shuā yá |
| | to brush teeth |

| 双 ☆☆☆☆☆ | shuāng |
| | pair |

| 水平 ☆☆☆☆☆ | shuǐ píng |
| | standard |

司机 ☆☆☆☆☆	sī jī
	driver
太阳 ☆☆☆☆☆	tài yáng
	sun
特别 ☆☆☆☆☆	tè bié
	especially

疼 ☆☆☆☆☆	**téng**
	(it) hurts

提高 ☆☆☆☆☆	**tí gāo**
	to increase

体育 ☆☆☆☆☆	**tǐ yù**
	sports

| 甜 ☆☆☆☆☆ | tián |
| | sweet |

| 条 ☆☆☆☆☆ | tiáo |
| | strip; item |

| 同事 ☆☆☆☆☆ | tóng shì |
| | colleague |

同意 ☆☆☆☆☆	tóng yì
	to agree
头发 ☆☆☆☆☆	tóu fa
	hair (on the head)
突然 ☆☆☆☆☆	tū rán
	sudden

| 图书馆 | tú shū guǎn |
| ☆☆☆☆☆ | library |

| 腿 | tuǐ |
| ☆☆☆☆☆ | leg |

| 完成 | wán chéng |
| ☆☆☆☆☆ | complete |

碗 ☆☆☆☆☆	wǎn
	bowl; cup
万 ☆☆☆☆☆	wàn
	ten thousand
忘记 ☆☆☆☆☆	wàng jì
	to forget

为 ☆☆☆☆☆	wèi
	because of

为了 ☆☆☆☆☆	wèi le
	in order to

位 ☆☆☆☆☆	wèi
	position

文化

wén huà

culture

☆☆☆☆☆

西

xī

west

☆☆☆☆☆

习惯

xí guàn

habit

☆☆☆☆☆

洗手间 ☆☆☆☆☆	xǐ shǒu jiān
	toilet
洗澡 ☆☆☆☆☆	xǐ zǎo
	to take a shower
夏 ☆☆☆☆☆	xià
	summer

先

☆☆☆☆☆

xiān

early

相信

☆☆☆☆☆

xiāng xìn

to believe

香蕉

☆☆☆☆☆

xiāng jiāo

banana

像

☆☆☆☆☆

xiàng

(look) like; similar

向

☆☆☆☆☆

xiàng

direction

小心

☆☆☆☆☆

xiǎo xīn

to be careful

校长

xiào zhǎng

headmaster

☆☆☆☆☆

新闻

xīn wén

news

☆☆☆☆☆

新鲜

xīn xiān

freshness

☆☆☆☆☆

| 信用卡 ☆☆☆☆☆ | **xìn yòng kǎ** |
| | *Credit Card* |

| 行李箱 ☆☆☆☆☆ | **xíng lǐ xiāng** |
| | *suitcase* |

| 熊猫 ☆☆☆☆☆ | **xióng māo** |
| | *panda* |

| 需要 ☆☆☆☆☆ | xū yào |
| | to need |

| 选择 ☆☆☆☆☆ | xuǎn zé |
| | to select |

| 要求 ☆☆☆☆☆ | yāo qiú |
| | to request |

爷爷

☆☆☆☆☆

yé ye

father's father

一直

☆☆☆☆☆

yī zhí

straight

一定

☆☆☆☆☆

yí dìng

surely

| 一共 ☆☆☆☆☆ | yī gòng |
| altogether |

| 一会儿 ☆☆☆☆☆ | yī huì er |
| a while |

| 一样 ☆☆☆☆☆ | yī yàng |
| same; like |

以前	yǐ qián
☆☆☆☆☆	before

一般	yī bān
☆☆☆☆☆	ordinary

一边	yī biān
☆☆☆☆☆	on the one hand

音乐 ☆☆☆☆☆	yīn yuè
	music

银行 ☆☆☆☆☆	yín háng
	bank

饮料 ☆☆☆☆☆	yǐn liào
	drink; beverage

应该	yīng gāi
☆☆☆☆☆	should; must

影响	yǐng xiǎng
☆☆☆☆☆	influence

用	yòng
☆☆☆☆☆	to use

游戏 ☆☆☆☆☆	**yóu xì** game
有名 ☆☆☆☆☆	**yǒu míng** famous
又 ☆☆☆☆☆	**yòu** (once) again

遇到 ☆☆☆☆☆	yù dào to meet
元 ☆☆☆☆☆	yuán Yuan (RMB)
愿意 ☆☆☆☆☆	yuàn yì to wish

月亮 ☆☆☆☆☆	yuè liang moon
越 ☆☆☆☆☆	yuè to exceed
站 ☆☆☆☆☆	zhàn station

张 ☆☆☆☆☆	**zhāng** Classifier for flat objects
长 ☆☆☆☆☆	**zhǎng** elder; senior
着急 ☆☆☆☆☆	**zháo jí** to worry

| 照顾 ☆☆☆☆☆ | zhào gu |
| | to take care of |

| 照片 ☆☆☆☆☆ | zhào piàn |
| | photo |

| 照相机 ☆☆☆☆☆ | zhào xiàng jī |
| | camera |

zhǐ

only; just

☆☆☆☆☆

zhǐ

single; one-only

☆☆☆☆☆

只有…才…

☆☆☆☆☆

zhǐ yǒu …cái …

only if... then...

| 中间 ☆☆☆☆☆ | zhōng jiān |
| | between |

| 中文 ☆☆☆☆☆ | zhōng wén |
| | Chinese written language |

| 终于 ☆☆☆☆☆ | zhōng yú |
| | at last; in the end |

种	zhǒng
☆☆☆☆☆	kind; sort

重要	zhòng yào
☆☆☆☆☆	important

周末	zhōu mò
☆☆☆☆☆	weekend

主要 ☆☆☆☆☆	**zhǔ yào** main
注意 ☆☆☆☆☆	**zhù yì** to take note of
自己 ☆☆☆☆☆	**zì jǐ** self

自行车

☆☆☆☆☆

zì xíng chē

bicycle

总是

☆☆☆☆☆

zǒng shì

always

嘴

☆☆☆☆☆

zuǐ

mouth

| 最后 | zuì hòu |
| ☆☆☆☆☆ | final |

| 最近 | zuì jìn |
| ☆☆☆☆☆ | recent |

| 作业 | zuò yè |
| ☆☆☆☆☆ | homework; work |

Made in United States
Troutdale, OR
11/26/2023

14968597R00058